Birgit Adam

Werde glücklich wie deine Katze

Birgit Adam

Werde glücklich wie deine Katze

Wie wir von unseren geliebten Stubentigern Ruhe und Zufriedenheit lernen

Mit Illustrationen von Roberto Neko

Lüchow

Für Felix, den kleinen Lehrer auf vier Pfoten

Birgit Adam:
Werde glücklich wie deine Katze

info@j-kamphausen.de

Umschlaggestaltung: Margret Russer, München
Umschlagbild: © Ron Chapple/Jupiter Images
Satz: Bert K. Roerer
Druck & Verarbeitung:
KN Digital Printforce GmbH, Stuttgart

www.weltinnenraum.de

Bibliografische Information der Deutschen Nationalbibliothek
Die Deutsche Nationalbibliothek verzeichnet diese
Publikation in der Deutschen Nationalbibliografie;
detaillierte bibliografische Daten sind im Internet
über **http://dnb.d-nb.de** abrufbar.

ISBN Printausgabe: 978-3-89901-014-5
ISBN E-Book: 978-3-89901-503-4

Alles für die Katz?

Haben Sie schon einmal eine gestresste Katze gesehen? Oder eine deprimierte? Nein, ganz im Gegenteil: Katzen sind egoistisch, faul und selbstverliebt – und werden trotzdem von ihren Besitzern vergöttert. Auch ich weiß genau, dass mein Kater Felix weit mehr ist als ein schnurrendes Sofakissen, denn Katzen haben uns vieles voraus. Sind sie nicht wahre Lebenskünstler, die wissen, wie man das Leben so richtig genießt?
Täglich lebt Felix mir vor, wie man bekommt, was man will – und dabei auch noch glücklich ist. Er zeigt mir, wie wichtig Streicheleinheiten für Körper und Seele sind, aber auch, dass ich meine Krallen ausfahren darf, wenn ich genug habe. Also beschloss ich, Felix ganz genau zu beobachten, um herauszufinden, worin das Geheimnis zu seinem glücklichen Leben bestand. Und hier sind die Lektionen, die ich von ihm gelernt habe ...

Inhalt

Von Katzenwäsche und Schmusestunden: Tu deinem Körper und deiner Seele Gutes!

Eine joggende Katze? Ein Kater, der sich im Fitnessstudio abstrampelt? Nein, die Devise von Felix ist: immer mit der Ruhe! Natürlich kann mein Kater auch ganz schön schnell sein, wenn er will. Wenn Nachbars Hund hinter ihm her ist oder eine Maus an ihm vorbeiflitzt. Aber im Großen und Ganzen geht Felix die Dinge lieber ruhig an. Nur nichts übertreiben und keine überflüssige Hektik. Niemals käme er auf die Idee zu rennen, wenn er auch gemütlich gehen kann, und niemals würde eine Katze versuchen, drei Dinge gleichzeitig zu erledigen. Kein Wunder, dass er nicht sich nicht so leicht stressen lässt wie ich!

Nur keine Hektik!

Ab und zu hat Felix das kleine Schnäuzchen so richtig voll von mir und der Hektik, die ich in „seinem“ Haus verbreite. Ganz schlimm wird es, wenn ich mit dem Staubsauger wüte, obwohl ich doch genau weiß, dass Felix diesen Lärm fast so sehr hasst wie einen Besuch beim Tierarzt. Dann fackelt mein lieber Kater nicht mehr lange, und ab geht’s auf den Kleiderschrank – sein Lieblingsplatz, wenn er einmal eine Zeit lang niemanden sehen oder hören will. Warum habe ich eigentlich keinen solchen Ort, an den ich mich zurückziehen kann, wenn mir der Alltag wieder einmal zu hektisch wird?

Klink dich
aus dem Alltag aus

Eines Tages kam ich von der Arbeit nach Hause in meine Wohnung. Als ich die Türe öffnete, war ich verwundert: Kein Felix, der normalerweise doch schon lange meine Schritte gehört hat und hinter der Tür auf mich wartete! Ich rief nach ihm: „Felix, das Frauchen ist wieder da!“ Keine Reaktion. Ich begann die Wohnung nach meinem Kater abzusuchen. Wohnzimmer, Schlafzimmer, Gästezimmer, Küche, Bad – ohne Ergebnis! Wo steckte er denn nur? Nach draußen entwischt konnte er nicht sein, denn alle Türen und Fenster waren geschlossen. Ich machte mich noch einmal auf die Suche. Im Gästezimmer hörte ich plötzlich lautes Schnurren. Noch einmal sah ich auf das Gästebett, auf dem meine zahlreichen Stofftiere saßen. Und siehe da: Zwischen einem Nilpferd und einem Teddy ragte ein mir bestens bekannter Katzenkopf aus der Stoff-Menagerie hervor – perfekt getarnt und völlig unauffällig zwischen seinen Freunden aus Plüsch! Nur durch sein Schnurren hatte er sich verraten. „Da bist du ja, du kleiner Schlingel!“, sagte ich. Felix merkte, dass ich ihn entdeckt hatte, verließ sein „Versteck“ und kam mit mir in die Küche, um sich sein wohlverdientes Fressen abzuholen. Zeit zum Spielen muss eben einfach immer sein!

Entdecke die spielerische
Seite des Lebens

Katzen sind wahre Meister darin, sich selbst zu belohnen. Wofür Felix sich belohnen muss, ist mir zwar nicht so ganz klar, denn eigentlich tut er den ganzen Tag ja nicht viel, außer auf dem Sofa herumzuliegen und ab und zu einmal ein paar Schritte nach draußen zu machen. Aber trotzdem tut er sich gerne selbst etwas Gutes – zum Beispiel, indem er sich ausführlich der Körperpflege widmet. Kein Fleckchen seines Fells bleibt von der rauen Zunge unentdeckt, in schier unglaublichen Verrenkungen erreicht er auch den verborgensten Winkel seines Körpers. Und schläft danach ein – ich könnte schwören, mit einem zufriedenen Lächeln auf seinen Lippen.

Sei nett zu dir selbst

So wie Katzen bemerken, wenn sich in ihrem Revier etwas verändert hat, so überprüfen sie auch regelmäßig, ob alles noch in Ordnung – für Katzen heißt das: im gewohnten Zustand – ist. Bei Felix bedeutet dies unter anderem Folgendes: Die Tür zum Kleiderschrank muss geöffnet werden, damit er nachsehen kann, ob hier noch alles beim Alten ist oder ob sich vielleicht ein „Feind" dort einquartiert hat. Er sitzt also so lange mit flehendem Blick vor der Schranktür, bis ich sie für ihn öffne. Ist es dann endlich so weit, wirft er einen kurzen Blick in den Schrank und scheint dann plötzlich das Interesse daran zu verlieren. Er hat eben gesehen, dass alles so ist, wie es seiner Meinung nach sein muss: das alte Durcheinander an Kleidungsstücken und Schuhen und nicht etwa andere Katzen, die sich heimlich in sein Revier eingeschlichen haben. Genauso verhält es sich mit allen anderen Türen in der Wohnung, die ich aus dem einen oder anderen Grund geschlossen habe. Felix muss offensichtlich sofort, jetzt und unbedingt in dieses Zimmer – nur um diesen Wunsch sofort wieder zu vergessen, sobald die Türe offen ist. Er macht Inventur, schaut nach, ob in seinem Reich noch alles in Ordnung ist. Vielleicht sollten auch wir einmal Inventur in unserem Leben machen – innerlich wie äußerlich?

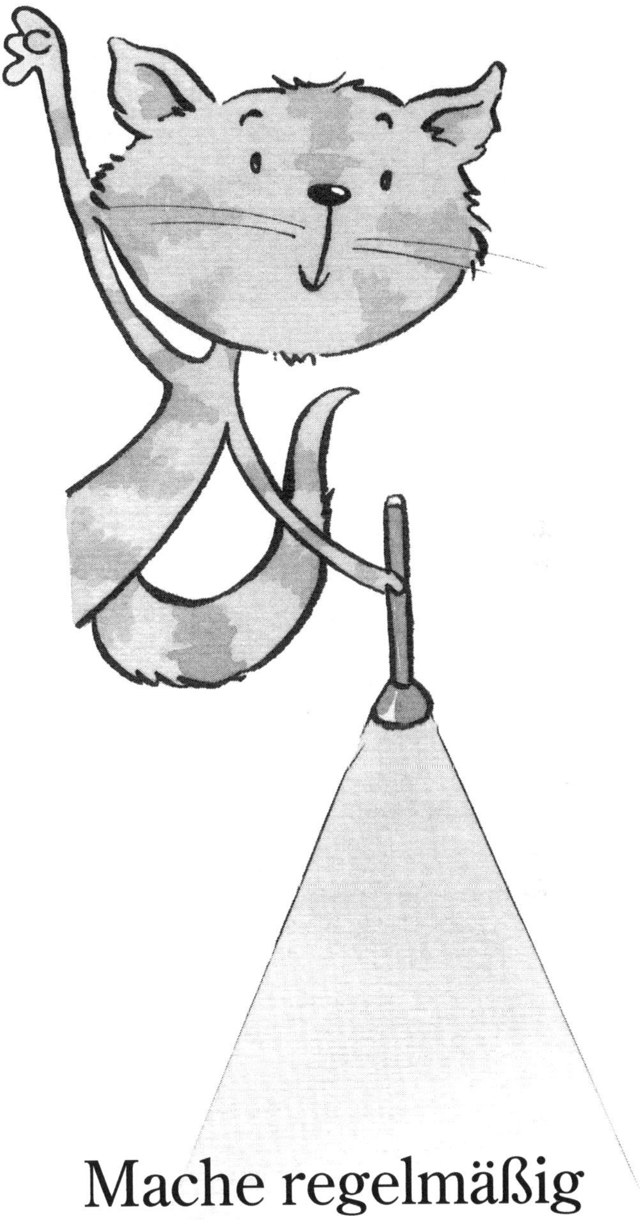

Mache regelmäßig
Inventur in deinem Leben

Wie stehen Sie morgens auf? Ich gehöre zu den Menschen, die nur schwer aus dem Bett kommen. Ich weiß zwar, dass es Zeit ist aufzustehen, drehe mich aber lieber noch einmal um und döse eine Weile vor mich hin. Danach muss dann aber alles plötzlich ganz schnell gehen: Vor lauter Angst, ich könnte zu spät kommen, springe ich hektisch aus dem Bett, mache (schnell, schnell!) eine „Katzenwäsche" im Bad und schlinge in aller Hektik mein Frühstück herunter, bevor ich dann aus dem Haus renne. Nicht so Felix! Auch er wacht zwar ganz langsam auf, doch dann ist erst einmal ausführliches Strecken und Dehnen angesagt, bis auch wirklich sein ganzer Körper wach ist. Die angebliche Katzenwäsche nimmt bei ihm oft mehr Zeit in Anspruch als meine Dusche, danach geht es in aller Ruhe zum gemütlichen Frühstück. Nun steht eine Katze natürlich nicht unter demselben Zeitdruck wie wir Menschen, aber trotzdem können wir von Felix etwas lernen: Wenn wir den Tag langsam und in aller Ruhe beginnen, stehen wir noch nicht gleich um 8.00 Uhr morgens unter Druck. Wir sind nicht schon gestresst, wenn wir nur die Augen aufschlagen, und können uns darauf freuen, was uns der neue Tag bringen wird!

Geh den Tag langsam an

Katzen putzen sich ausgiebig und ziemlich lange – der Begriff „Katzenwäsche“ für eine schnelle, nicht eben gründliche Reinigung ist daher völlig fehl am Platz. Rund ein Drittel ihrer Wachzeit verbringen Katzen mit der Körperpflege, und auch bei Felix kann sich ein einziger „Waschgang“ schon einmal über eine halbe Stunde hinziehen. Keine Stelle seines Körpers bleibt von seiner rauen Zunge verschont: Von der Schwanzspitze bis zu den Ohren wird jeder Körperteil einer gründlichen Reinigung unterzogen. Und wenn Felix einmal eine Stelle nicht alleine mit der Zunge erreichen kann – wie zum Beispiel die Ohren – nimmt er eben die Pfoten zur Hilfe. Er schleckt seine Pfote ab und putzt damit seine Ohren. Nun dient diese Katzenwäsche aber nicht alleine der Reinigung – so viel Schmutz kann eine Wohnungskatze wie Felix gar nicht ansammeln. Das Putzen dient gleichzeitig auch dazu, sich von äußeren Einflüssen zu befreien. Dies können störende Gerüche sein, zum Beispiel, wenn ein Besucher Felix gestreichelt hat. Der fremde Geruch bringt Felix durcheinander – eine andere Katze könnte ihn nun vielleicht nicht mehr erkennen, weil ihm der Geruch des Besuchers anhaftet. Also wäscht er ihn lieber schnell wieder ab. Unsere Nasen sind zwar nicht so fein wie die unserer Samtpfoten, doch auch wir nehmen den ganzen Tag über immer wieder fremde, oft auch negative Einflüsse auf. Warum waschen wir diese nicht auch einfach ab? Mit einem entspannenden Bad am Abend zu Beispiel? Und dann stellen wir uns vor, wie die negativen Gefühle und Einflüsse einfach den Abfluss hinabgluckern!

Nur keine Katzenwäsche!

Unsere Nachbarn hatten einmal einen Kater, der regelmäßig im Frühling verschwand, wenn die Tage wärmer wurden. Beim ersten Mal war die Angst groß, denn unsere Nachbarn gingen davon aus, dass Max etwas passiert war. Schließlich war er sonst immer brav nach Hause gekommen. Nach der ersten Trauer um den Verlust des geliebten Katers fanden sie sich damit ab und überlegten schon, sich eine neue Katze anzuschaffen – bis Max dann Ende September plötzlich quietschfidel durch seine Katzenklappe hereinspaziert kam.
So ging es die folgenden Jahre weiter: Max verschwand im Frühjahr und tauchte im Herbst wieder auf, als sei er nie weg gewesen. Offensichtlich führte er die Sommermonate über ein Vagabundenleben, ernährte sich von Mäusen und Vögeln und genoss seine Freiheit. In den kalten Monaten erfreute er sich dagegen an einem geheizten Schlafplatz mit Zimmerservice. Trotz aller Annehmlichkeiten, die ein Leben als Hauskatze so mit sich brachte, bewahrte er sich ein Stück Unabhängigkeit. Wovon sind Sie abhängig? Und auf was in Ihrem Leben könnten Sie verzichten? Wenn wir eine Zeit lang bewusst auf einige Annehmlichkeiten verzichten, können wir sie danach umso mehr genießen und nehmen sie nicht mehr als selbstverständlich hin!

Genieße deine Freiheit

Felix bekommt in mehr oder weniger regelmäßigen Abständen etwas, das in unserer Familie „Schmuseanfall" heißt. Das bedeutet: Er will jetzt sofort auf meinem Schoß sitzen und gestreichelt werden. Meistens schafft er es ganz gut, seine Schmuseanfälle mit meinem Alltag zu koordinieren. So kennt er zum Beispiel mittlerweile das Geräusch, das mein Computer beim Hochfahren macht, und leitet daraus ab: „Aha, jetzt setzt sie sich gleich an den Schreibtisch und bleibt da auch eine Zeit lang sitzen – also nichts wie ab auf ihren Schoß!" Manchmal habe ich aber auch Dinge zu tun, die mich in Bewegung halten, zum Beispiel putzen oder aufräumen. Dann macht mir Felix schon deutlich, dass er jetzt dringend schmusen will: Er wuselt laut schnurrend zwischen meinen Beinen herum und versucht, mich subtil in Richtung seines Schmusesessels zu drängen. Er fordert eben ganz gezielt seine Zärtlichkeiten ein und ist dabei nicht so zurückhaltend wie wir Menschen. Zugegeben, es ist nicht unbedingt einfach, Zärtlichkeiten einzufordern, wenn man gerade Single ist. Aber wir können uns ja auch auf andere Weise verwöhnen – indem wir unsere Seele streicheln und uns selbst etwas Gutes tun: ein heißes Bad nehmen, einen Lieblingsfilm anschauen, uns einfach faul in die Sonne legen und und und ...

Nimm dir Zeit für
Zärtlichkeit

Wie wir alle wissen, hat Yoga seinen Ursprung in Indien. So heißt es zumindest offiziell. Wer eine Katze hat, weiß es jedoch besser: Die Katzen haben Yoga erfunden – vermutlich schon zu einer Zeit, als es noch gar keine Menschen auf der Erde gab. Wenn ich mir so anschaue, welche Verrenkungen Felix beim Putzen macht, zeigt sich sehr deutlich, wie Katzen die Kunst des Yoga im Laufe der Jahrtausende perfektioniert haben. Sie sind uns Menschen so weit voraus, dass ich Felix auch mit jahrelangem Üben nicht mehr einholen kann. Trotzdem kann ich mir ihn zum Vorbild nehmen: So wie eine Katze täglich ihre Yoga-Übungen macht, sollte auch ich täglich etwas für meinen Körper tun – schließlich habe ich, die ich den ganzen Tag an meinem Schreibtisch sitze, diesen gesunden Ausgleich wesentlich nötiger als eine Katze!

Entspanne dich mit Yoga

Nicht nur Yoga haben Katzen erfunden, auch beim Stretching waren sie die Pioniere. Nach dem Aufstehen dehnen sie jeden Muskel in ihrem Körper und machen sich so fit für ihren Alltag. Auch Felix streckt und dehnt sich ausgiebig, wenn er sich von seinem Nickerchen erhebt. So bleibt sein Körper geschmeidig und fit für die Jagd – nur für den Fall, dass sich doch einmal eine Maus in meine Wohnung verirren sollte. Warum fehlt mir nur die Motivation, solche kleinen Fitness-Übungen in meinen Alltag zu integrieren?

Halte dich fit mit Stretching

Eine Katze schläft etwa 16 Stunden am Tag – Felix bildet da keine Ausnahme. Er kuschelt sich in seinen Lieblingssessel und schläft dabei so tief und fest, dass er sich durch nichts stören lässt. Egal, wie oft ich an ihm vorbeilaufe oder welchen Lärm ich mache – er schlummert selig vor sich hin. Zu anderen Zeiten wiederum ist sein Schlaf oberflächlicher und er reagiert auf jedes noch so feine Geräusch – vor allem wenn sich „zufällig“ die Kühlschranktür öffnet. Wenn Felix dann allerdings wach ist, ist er auch wirklich wach und voll bei der Sache. Nichts entgeht seiner Aufmerksamkeit: Frauchen holt das Schneidebrett heraus? Mal sehen, ob was für mich dabei ist! Auf der Treppe sind Schritte zu hören? Schnell zur Tür laufen, vielleicht bekommen wir Besuch! Auf dem Fensterbrett sitzt ein Vogel? Den muss ich mir näher ansehen – wenn nur diese blöde Glasscheibe nicht wäre! Auf jeden Fall kennt Felix das richtige Maß an Anspannung und Entspannung, das sein Körper braucht, um voll leistungsfähig zu sein. Ich dagegen zwinge mich oft, noch weiterzumachen, auch wenn mir mein Körper und mein Gehirn sagen, dass sie jetzt dringend eine Pause brauchen. Und wundere mich dann, dass ich mich bei der Arbeit nicht konzentrieren kann oder sogar einen Fehler mache.

Mach auch mal Pause

Katzen sind die einzigen Tiere, die schnurren – im Allgemeinen dann, wenn sie sich wohl fühlen und rundum zufrieden sind. Doch auch aus Angst schnurren Katzen manchmal, vermutlich, um sich selbst zu beruhigen und sich in eine positive Stimmung zu versetzen. Felix schnurrt immer, wenn er auf meinem Schoß liegt und von mir gestreichelt wird. Wie ein Motor klingt er dann. Auch im Schlaf fängt er oft zu schnurren an – was muss er doch für angenehme Träume haben! Amerikanische Wissenschaftler haben noch etwas ganz anderes herausgefunden: Die Frequenz des Schnurrens stimuliert die inneren Organe der Katze und verhindert eine Schwächung der Knochen. Wenn sich eine Katze also wohl fühlt und schnurrt, tut sie dabei etwas für ihre Gesundheit. So einfach ist das also! Warum tue ich nicht viel öfter etwas, in dem ich so richtig aufgehe und mich wohl fühle? Auch wenn es nicht die Knochen und Organe stärkt, so wirkt es mit Sicherheit positiv auf meine seelische Gesundheit! Wann haben Sie das letzte Mal geschnurrt?

Schnurr' doch mal!

Mal ehrlich: Wie gesund leben Sie? Achten Sie auf eine ausgewogene Ernährung? Gönnen Sie sich genug Schlaf- und Ruhezeit? Bewegen Sie sich ausreichend? Wenn ich mich da so ansehe, stelle ich fest, dass bei mir einige Bereiche durchaus noch ausbaufähig sind. Zu oft schiebe ich mir irgendein Fertiggericht in die Mikrowelle und esse auf die Schnelle zwischen Tür und Angel. Meinen Arbeitstag verbringe ich sitzend vor dem Computer – die einzige Bewegung, die ich während dieser acht und mehr Stunden habe, ist der Gang zur Kaffeemaschine. Und meine acht Stunden Schlaf bekomme ich zwar, doch um auch mitten am Tag einmal ein paar Minuten Pause zu machen, fehlt mir die Zeit. Felix dagegen lebt richtig gesund: Er isst in Ruhe, und zwar nur so lange, bis er auch satt ist. Kein Frustfressen, kein Essen aus Langeweile. Er schläft und entspannt sich – zwei Drittel des Tages, um genau zu sein. Und zwischendurch sorgt er für ausreichend Bewegung, indem er durch die Wohnung tobt oder einer Spielzeugmaus hinterher jagt. Katzen wissen, wie man gesund lebt – ohne Diätratgeber zu lesen, teures Geld fürs Fitnessstudio auszugeben oder zu einem Guru zu rennen. So einfach kann ein gesundes Leben sein!

Lebe gesund wie eine Katze

Die Katze und ihr Mensch: Pflege Freundschaften und die Liebe!

Felix lässt sich liebend gern streicheln. Wenn ich am Computer oder vor dem Fernseher sitze, springt er auf meinen Schoß und macht es sich dort gemütlich. Ich muss – oder sollte ich sagen: darf – ihn dann ausgiebig streicheln und kraulen. Er gibt mir dabei subtile Hinweise, welche Körperstelle als Nächstes dran ist. Es beginnt mit dem Rücken, doch nach einer gewissen Zeit rollt Felix sich auf die Seite und wendet mir den Bauch zu. Nun muss auch hier ausgiebig gestreichelt werden. Auch unter dem Kinn will mein Kater gerne gekrault werden. Deshalb streckt er sein Köpfchen nach hinten, damit ich an diese schwer zugängliche Stelle auch gut herankomme. Keine Spur von Verlegenheit, kein „Dafür revanchiere ich mich später!“ Felix nimmt die Liebe, die ich ihm schenke, einfach an – weil er sich ganz sicher ist, dass er sie auch verdient.

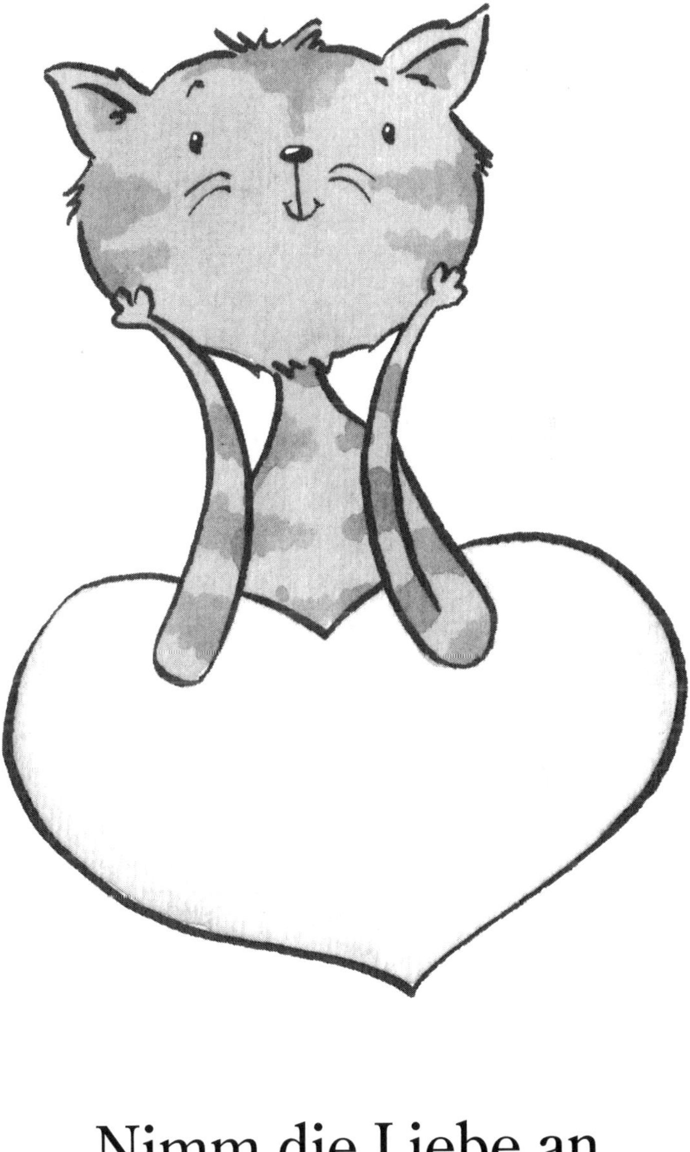

Nimm die Liebe an

Letzten Dienstag ist es passiert: Noch im Halbschlaf hörte ich ein lautes Schnurren direkt neben mir. „Was hat der Kater denn nun wieder?“, dachte ich mir, öffnete widerwillig die Augen – und hätte sie am liebsten sofort wieder zugemacht. Neben mir auf dem Kopfkissen lag nämlich ein ganz besonderes „Geschenk“: eine Maus, so mausetot, wie Mäuse nur sein können. Dies war keineswegs das erste Mal: Ich habe auch schon tote Vögel vor meiner Schlafzimmertür gefunden und eine Eidechse in der Küche. Da ich weiß, dass Katzen ihren Menschen damit Geschenke machen, wird Felix für diese Taten nicht bestraft, sondern gelobt – so schwer mir das oft auch fällt. „Danke, mein lieber Kater, dass du an mich denkst und mir etwas schenkst.“ Zur Belohnung bekommt er dann etwas besonders Leckeres zu fressen. Und ich kann mich nur immer wieder wundern, dass Katzen, diese egoistischen Tiere, auch einmal ganz selbstlos sein können und ihren Lieben Geschenke machen!

Kleine Geschenke erhalten die Freundschaft

Felix kennt eine ganze Menge Möglichkeiten, mir seine Zuneigung zu zeigen. Zuerst einmal tut er das damit, dass er sich gerne in meiner Nähe aufhält und es genießt, auf meinem Schoß zu liegen, sich streicheln lässt und dabei glücklich und zufrieden vor sich hinschnurrt. Doch es gibt noch eine Reihe weiterer Möglichkeiten: Wenn ich nach der Arbeit nach Hause komme, wartet er meistens schon an der Wohnungstür auf mich und reibt dann zur Begrüßung sein Köpfchen an meinen Beinen. Auf diese Weise begrüßen sich Katzen untereinander, Felix sagt mir damit also: „Hallo, schön, dass du wieder da bist! Ich habe dich schon so vermisst!“ Bekommt er dann sein Fressen, stupst er meine Hand mit seinem Köpfchen an und sagt auf diese Weise „Danke!“. Auf welche Weise auch immer Felix seine Zuneigung ausdrückt, er zögert nicht damit, sondern sagt mir jeden Tag aufs Neue „Ich liebe dich!“. Sollten wir das mit den Menschen, die wir lieben, nicht auch so halten?

Zeige deine Liebe

Freunde von mir haben keine Katze. Sie mögen Katzen nicht einmal besonders. Da tauchte eines schönen Sommertages in ihrem Garten ein roter Kater auf, der eigentlich ein paar Straßen weiter „wohnte". Meine Freunde fütterten ihn ab und zu, ließen ihn aber nicht ins Haus. Doch Victor ließ nicht locker: Wenn meine Freunde morgens die Rollläden aufmachten, saß er schon auf der Terrasse. Kamen Sie abends von der Arbeit nach Hause, wartete er bereits ungeduldig vor ihrer Tür. Und wenn sie am Wochenende im Garten arbeiteten oder einfach faul in der Sonne liegen wollten, war Victor immer in der Nähe. Von da an dauerte es nicht mehr lange und Victor ging im Haus ein und aus, schlief auf dem Sofa und kuschelte sich beim Fernsehen an seine neue Familie. Meine Freunde gingen schließlich zu seinen Besitzern, um ihnen mitzuteilen, dass sie Victor nicht etwa „ge-catnapped" hätten, sondern er schlicht und einfach bei ihnen eingezogen war. Die Besitzer waren zum Glück nachsichtig: Victor hatte eben seinen Platz im Leben gefunden und hielt mit seiner katzentypischen Beharrlichkeit daran fest. Und wir? Wie oft verharren wir in einer Lebenssituation, in der wir nicht wirklich glücklich sind? Sollten wir nicht einfach auch einmal den Sprung wagen und unserem Herzen folgen?

Folge deinem Herzen

Gehen Sie einmal die Menschen in Ihrem Bekanntenkreis durch – wen gibt es da alles? Mit Sicherheit einige sehr gute Freunde, die Sie schon Ihr Leben lang begleiten und auf die Sie sich auch in schwierigen Zeiten verlassen können. Ihre Familie und gute Bekannte und Kollegen gehören wohl auch dazu. Doch ganz bestimmt gibt es auch einige Menschen in Ihrem Umfeld, mit denen Sie weniger anfangen können: Freunde und Bekannte, von denen Sie sich im Laufe der Zeit entfremdet haben, oder Menschen, mit denen Sie sich nur umgeben, weil sie es irgendwie „müssen" – sei es aus beruflichen Gründen oder weil es nun einmal die Schwiegermutter ist. Felix würde solche Menschen niemals um sich dulden. Er gibt sich nur mit den Menschen ab, mit denen er sich auch abgeben möchte. Die anderen ignoriert er einfach, würdigt sie keines Blickes und reagiert nicht auf ihre Worte. Er bestimmt ganz allein, wer sein Freund sein darf und wen er lieber auf Abstand hält. Felix hat es nie mit „Zeiträubern" zu tun, die nur allzu gerne die Aufmerksamkeit und Hilfe anderer in Anspruch nehmen, selbst aber nie Zeit haben, um sich für diese Freundschaftsdienste zu revanchieren. Er hat nie das Gefühl, seine Zeit mit einem bestimmten Menschen absitzen zu müssen – wenn er genug hat, geht er einfach. Zugegeben, bei Menschen wäre dieses Verhalten unhöflich – aber gibt es nicht auch subtilere Möglichkeiten, um anderen klar zu machen, dass wir aus einer Freundschaft langsam hinausgewachsen sind?

Wähle deine Freunde sorgfältig aus

Kater sind bekanntlich Einzelgänger und verteidigen ihr Territorium mit ganzer Kraft. So auch Felix, der immer wieder in Streit mit seinem Nachbarn Max gerät, einem riesigen roten Kater. Umso erstaunter war ich, als ich eines Tages in den Garten kam und folgendes Bild sah: Felix lag friedlich schlummernd auf einer Liege und Max keine drei Meter weiter unter einer Tanne, ebenfalls im süßen Land der Träume. Was war denn hier los? Meine Neugier brachte es bald an den Tag: Unsere Nachbarn hatten Besuch, und dieser Besuch hatte einen kläffenden Hund dabei. Max war also aus seinem Garten vertrieben worden und suchte nun bei uns Zuflucht. Und Felix schien seine Notlage erkannt zu haben und gewährte seinem Rivalen Asyl. Im Angesicht eines übermächtigen Feindes muss man eben doch einmal über seinen Schatten springen und zusammenhalten!

Such dir Freunde in der Not

Katzen sind Einzelgänger, das hört man immer wieder. Und doch stimmt das nur begrenzt. Wild lebende Katzen, wie wir sie von unseren Urlauben in Italien oder Griechenland kennen, rotten sich oft zu Gruppen zusammen, da sie wissen, dass das Überleben so einfacher geht. Auch unsere Hauskatzen treffen sich gelegentlich zu nächtlichen „Katzenversammlungen", bei denen sie einfach nur beisammen liegen und die Gesellschaft genießen (und vermutlich den neuesten Klatsch und Tratsch austauschen).
Weibliche Katzen helfen sich oft gegenseitig bei der Betreuung ihres Nachwuchses. Wenn die Mutter auf die Jagd gehen und sich Fressen beschaffen will, übernimmt eine „Tante" die Aufsicht über die Jungen.
Ob Felix nachts an Katzenversammlungen teilnimmt, weiß ich nicht. Doch auch er hatte eine Zeit lang einen kleinen Freund, mit dem er durch die Gärten unserer Nachbarschaft streunte. Auf jeden Fall wissen Katzen, dass sie sowohl Einsamkeit als auch Gesellschaft brauchen. Sie wissen, dass Zeiten des Rückzuges und des Alleinseins ebenso wichtig sind wie Spiele und gemeinsame Unterhaltung. Weder laufen sie vor sich selbst davon, noch verfallen sie in hektischen Aktionismus, nur um nicht mit sich allein sein zu müssen.
Katzen wissen, dass sie sich ihrer eigenen Gesellschaft wert sein sollten – gibt es denn ein wunderbareres Wesen als sie selbst?

Kein Mensch ist eine Insel
(und auch keine Katze)

Katzen scheinen einen siebten Sinn dafür zu haben, wann es ihrem Menschen schlecht geht. Wenn ich zum Beispiel Bauchschmerzen habe, legt sich Felix gezielt auf meinen Bauch, massiert mich mit seinen Pfötchen und fungiert als wuschelige Wärmflasche. Wenn ich dagegen mit einer Grippe im Bett liege und es mir so richtig mies geht, hält er – der sonst jede freie Minute auf meinem Schoß verbringt – sich bewusst zurück. Dabei bleibt Felix zwar stets in meiner Nähe und lässt mich nicht aus den Augen, aber dass ich jetzt nicht zu stundenlangem Kuscheln aufgelegt bin, scheint er zu verstehen. Auch sonstiges Quengeln nach Fressen oder Frischluft unterlässt mein Kater. „Frauchen braucht jetzt Ruhe", denkt er offensichtlich und schläft zusammengerollt auf dem Teppich vor meinem Bett. Welch eine gute Antenne für die Gefühle und Befindlichkeiten anderer so eine Katze doch hat!

Frag mal Doktor Felix

Irgendwann kommt die Maus schon aus dem Loch: So bekommst du, was du willst

Gerade sitzt Felix wieder vor einem Mauseloch. Schon seit Stunden, mucksmäuschenstill. Hoch konzentriert starrt er auf das Erdloch, in das sich die Maus gerade noch flüchten konnte. Nichts und niemand kann ihn stören, denn schließlich muss die Maus ja wieder aus ihrem Bau kommen. „Felix!“, rufe ich ihm zu, „das Frauchen ist daheim!“ Kurz schweift sein Blick ab, aber das ist auch schon alles. „Siehst du nicht, dass ich beschäftigt bin?“, will er mir damit wohl sagen. Er lässt sich nicht durch Kleinigkeiten von seinem Vorhaben ablenken, sondern ist hundertprozentig bei der Sache. Seine Gedanken sind nicht schon beim nächsten Tag oder bei der netten Katzendame von nebenan, sondern voll und ganz auf diese eine Maus gerichtet. Und dann? Dann erwischt er sie – seine Konzentration auf das in diesem Moment Wesentliche führte ihn zum Erfolg.

Sei ganz bei der Sache

Die menschliche Kommunikation ist bekanntlich voller Missverständnisse: Männer und Frauen können sich angeblich nicht verstehen, und oft reden wir lieber um den heißen Brei herum, anstatt klipp und klar zu sagen, was wir wollen. Katzen kommunizieren untereinander größtenteils über ihre Körpersprache und verstehen sich ausgezeichnet. Das typische „Miauen" dagegen dient überwiegend der Verständigung mit ihren menschlichen Mitbewohnern. Nach beinahe 20 Jahren Katzenerfahrung verstehe ich mittlerweile auch ganz genau, was die einzelnen „Miaus" bedeuten, wann Felix „Fressen her, ich habe Hunger" fordert und wann er sagen will „Ich hab dich lieb – komm, lass uns kuscheln!" Missverständnisse sind dabei kaum möglich und Felix bekommt, was er will. Warum können wir uns nicht so klar und deutlich ausdrücken wie unsere Stubentiger?

Sag, was du willst

Felix ist normalerweise nicht besonders launisch. Er ist ausgeglichen und meistens gut gelaunt. Ich darf ihn streicheln, wenn mir danach ist, und mich an ihn kuscheln, wenn ich ihn brauche. Es gibt allerdings etwas, das er gar nicht mag: auf den Arm genommen zu werden. Man stelle sich nur vor: Diese verschmuste Katze, die am liebsten den ganzen Tag auf meinem Schoß liegen würde, will nicht hochgehoben und herumgetragen werden! Sobald man ihn hochhebt, fängt Felix an zu strampeln und sich zu winden und sagt mir damit klipp und klar: „Das mag ich nicht! Lass mich sofort wieder runter!" Er kann ganz einfach „Nein" sagen und teilt mir mit, dass er sich in dieser Situation nicht wohl fühlt. Wie oft mache ich dagegen gute Miene zum bösen Spiel, tue Dinge, die mir eigentlich widerstreben, nur weil ich Angst habe, jemandem auf den Schlips zu treten? Dabei sollte mir Felix' Beispiel doch am allerbesten zeigen, dass man auch geliebt wird, auch wenn man ab und zu einmal „Nein" sagt!

Nein heißt Nein!

Auch wenn sie regelmäßig gefüttert werden, werden Katzen ab und zu von Heißhungerattacken geplagt – wie wir Menschen auch. Und dann brauchen sie auch etwas zu fressen, und zwar sofort! Ganz egal, ob ich gerade mitten in der Arbeit bin, mit einer Freundin telefoniere oder einen spannenden Film im Fernsehen anschaue: Felix macht mir unmissverständlich klar, dass er jetzt, auf der Stelle, sofort sein Fressen braucht. Zuerst einmal setzt er sich vor mich hin, so dass ich ihn einfach nicht übersehen kann. Direkt vor den Bildschirm meines Computers zum Beispiel. Schiebe ich ihn dann sanft beiseite, ist er nach einer Sekunde wieder da – er weiß schon, was er tun muss, damit ich ihn beachte. Falls ich ihn dann immer noch ignoriere, tritt Plan B in Kraft: lautes, jämmerliches Miauen, das eigentlich mein Herz zum Schmelzen bringen müsste. Wenn das auch nichts nützt, wird mit ganz harten Bandagen gekämpft: Felix weiß, dass es einen Platz in meiner Wohnung gibt, an dem er absolut nichts verloren hat: die Kommode, auf der mein Telefon und mein Faxgerät stehen. Und er weiß genauso gut, dass er sofort die gewünschte Aufmerksamkeit bekommt, wenn er auf diese Kommode springt. Ein kleiner Sprung, und schon sitzt er da! Und tatsächlich: Ich sage „Nein, Felix!“, hebe ihn wieder herunter und weil ich nun sowieso schon aufgestanden bin, gebe ich ihm gleich auch sein Fressen (endlich!). Seine Hartnäckigkeit hat ihn ans Ziel gebracht. Wie oft gebe ich stattdessen auf, wenn ein erster Versuch nicht gleich das gewünschte Ergebnis bringt?

Halte durch, bis du dein
Ziel erreicht hast

Katzen kennen ihr Territorium genau. Sie merken sofort, wenn ein Gegenstand nicht an seinem üblichen Platz steht oder wenn ein Möbelstück neu ist. Und natürlich müssen sie sofort nachsehen, was hier denn schon wieder passiert ist und was ihre gewohnte Ordnung so durcheinander gebracht hat. Vor zwei Wochen habe ich mir einen DVD-Player gekauft. Ich kam aus dem Elektromarkt nach Hause und stellte die Schachtel mit dem Gerät erst einmal mitten ins Wohnzimmer. Es dauerte keine Minute und Felix kam. Schnurstracks marschierte er auf die Schachtel zu und beschnupperte sie von allen Seiten. Was war hier los? Was ist das für ein braunes Objekt mitten in seinem Territorium? Ist es gefährlich? War vielleicht eine andere Katze da und hat damit ihre Spuren hinterlassen? Nein, das Objekt scheint harmlos zu sein! Es hat keinen feindlichen Geruch an sich, bewegt sich nicht und verhält sich auch sonst völlig unauffällig. Felix ist wieder beruhigt und widmet sich nun erst einmal ausführlich meiner Begrüßung. Welche Neugierde Katzen auch den ganz kleinen Dingen entgegenbringen!

Sei offen für Neues

In seiner Wohnung hat Felix jede Menge Fensterplätze, von denen aus er das Leben auf der Straße beobachten kann. Ich habe die Fensterbretter verbreitern lassen, so dass er es sich dabei richtig gemütlich machen kann. Und er sitzt dort auch gerne und beobachtet die Menschen, die unten auf der Straße vorbeigehen, oder die Katzen am Fenster der gegenüberliegenden Wohnung. Er sieht fern, sage ich dann immer. Selbst wenn er selbst nicht mehr hinausgeht und mit keinen anderen Katzen mehr Kontakt hat, interessiert ihn trotzdem, was außerhalb seines Reviers vor sich geht. Er blickt über den Tellerrand seiner unmittelbaren Umgebung hinaus auf die große weite Welt und nimmt so am Katzenweltgeschehen teil. Wenn sich ein Vogel vor ihm auf die Dachrinne setzt, schnattert er begeistert. Die Straßenbahn verfolgt Felix mit den Augen die ganze Straße entlang. Und wenn die Kinder in der Wohnung gegenüber ihn sehen und ihm winken, blickt er ganz aufmerksam hinüber. Auch wir sollten über unsere unmittelbare Umgebung hinausblicken und so unseren Horizont erweitern!

Erweitere deinen Horizont

Als ich mit Felix noch in einem Reihenhaus wohnte, stand ich einmal im ersten Stock auf dem Balkon und sah ihn unten im Garten herumspazieren. Ich rief zu ihm hinunter: „Hallo, Felix, wohin bist du denn unterwegs?“ Er hörte mich, blickte zu mir hinauf, doch statt einfach durch die offene Terrassentür ins Haus zu gehen, rannte er schnurstracks in Richtung Balkon. Ein Satz, eine kurze Zwischenlandung auf der Pergola, und schon saß er vor mir auf der Balkonbrüstung. Das Ganze ging zum Glück so schnell, dass ich gar keine Zeit hatte, um darüber nachzudenken, ob er diesen Sprung überhaupt schaffen konnte. Und auch Felix hatte offensichtlich nicht groß nachgedacht, sondern sprang einfach. Man könnte auch sagen: Er wollte etwas erreichen und hat es einfach versucht. Wie oft zögern wir dagegen, wenn wir vor großen Aufgaben stehen – nur weil wir Angst haben, dass wir es nicht schaffen? Vielleicht sollten auch wir öfter den Sprung wagen!

Wage den Sprung ins Ungewisse

Eines kann Felix überhaupt nicht verkraften: Wenn ich ihn ignoriere. Besonders deutlich wird das, wenn ich eine Landkarte, eine Zeitung oder etwas Ähnliches auf dem Boden oder dem Schreibtisch ausbreite und diese studieren will. Zuerst einmal muss Felix natürlich nachschauen, was da in seinem Revier liegt. Und dann legt er sich mitten drauf. Lesen oder eine Reiseroute nachschlagen? Unmöglich! Einmal ist es mir sogar passiert, dass ich drei Stapel Papier mit drei Varianten eines Manuskriptes nebeneinander auf dem Boden liegen hatte. Abwechselnd blätterte ich jeweils eine Seite um, um die Varianten miteinander zu vergleichen – und Felix wanderte abwechselnd von Stapel zu Stapel mit. An Arbeit war gar nicht mehr zu denken, es handelte sich hier ganz einfach um ein tolles neues Katzenspiel! Was will mir Felix damit sagen? Zuerst einmal, dass es sich hier um seine Zeitung, seine Landkarte und sein Manuskript handelt. Aber natürlich auch, dass er die Nummer Eins ist und Beachtung will, und zwar sofort. Er ist wichtiger als jede Arbeit – warum kapiere ich das nur nicht? Vielleicht sollte auch ich mir einmal Gedanken machen, in welchen Bereichen oder bei welchen Personen ich die Nummer 1 sein möchte? Und meine Ansprüche auch durchsetzen, anstatt viel zu oft zurükkzustecken!

Sei stets die Nummer Eins

Im Gegensatz zu Hunden können wir Katzen nicht dressieren. Zwar kann man ihnen auch ein paar einfache Verhaltensregeln beibringen (nicht auf den Tisch springen und so weiter), aber mit Kommandos wie „Sitz" oder „Platz" wird man bei einer Katze auf Granit beißen. Auch Felix weiß, dass es einige Dinge gibt, die er nicht tun darf. Auf dem Küchentisch oder dem Herd hat er nichts zu suchen und auch auf der Kommode, auf der mein Fax und mein Telefon stehen, will ich ihn nicht haben. Was aber noch lange nicht heißt, dass er diese Regeln auch befolgt. Immerhin schaut er schuldbewusst und springt sofort wieder auf den Boden, wenn er mein energisches „Felix, nein!" hört. Was er allerdings tut, wenn ich nicht zu Hause bin – das weiß nur er allein! Was ich damit sagen will: Vielleicht sollten auch wir unsere Verhaltensweisen einmal gründlich überprüfen: Welche davon haben wir irgendwann einmal angenommen, obwohl sie eigentlich unserer Natur widersprechen? Würden wir vielleicht nicht lieber etwas ganz anderes machen – nämlich das, was wir wirklich wollen? Sollten wir nicht vielleicht einmal ein wenig egoistischer sein und unseren Willen durchsetzen?

Mach, was du willst

Immer wieder hört man von Katzen, die Stürze aus großer Höhe überleben, zum Beispiel, wenn sie aus einem Fenster in einem Hochhaus gefallen sind. Sie drehen sich in der Luft so, dass sie auf ihren Füßen landen und federn damit ihr Gewicht ab. Stirbt eine Katze bei einem Sturz, so passiert das meistens bei einem Fall aus geringer Höhe – weil sie dann nämlich keine Zeit hat, um sich in der Luft zu drehen. Dieses „Auf-die-Füße-Fallen“ ist mittlerweile sprichwörtlich geworden. Was können wir daraus lernen? Die Gefahr, dass wir aus Fenstern oder von Bäumen fallen, ist zum Glück relativ gering. Doch wir können auf andere Weise „abstürzen“: Vielleicht haben wir Probleme am Arbeitsplatz, Liebeskummer oder wir stecken in finanziellen Schwierigkeiten. Dann sollten auch wir versuchen, auf die Füße zu fallen – uns klar machen, dass unsere Probleme nicht das Ende der Welt bedeuten, sondern dass es irgendwann einmal auch wieder aufwärts geht.

Fall auf deine Füße

Menschen, die mit Stubentigern nichts anfangen können, behaupten oft, Katzen seien falsch. Doch Katzen teilen uns sehr deutlich mit, was sie fühlen oder wollen. Sie greifen nur manchmal zu sehr raffinierten Methoden, wenn sie ein Ziel nicht auf Anhieb erreichen. Im Wohnzimmer meiner Eltern steht zum Beispiel ein sehr gemütlicher Sessel, der nicht nur der Lieblingsstuhl meines Vaters, sondern auch der von Felix ist. Sitzt nun also mein Vater gemütlich in seinem Sessel, versucht Felix erst einmal durch lautes Miauen auf sich aufmerksam zu machen: „Ich will jetzt in den Sessel! Steh gefälligst auf!“ Doch mein Vater denkt gar nicht daran, seinen Platz aufzugeben. Also wechselt Felix die Taktik: Er tut so, als interessiere ihn der Sessel überhaupt nicht mehr. Er möchte jetzt lieber nach draußen, marschiert zu der Tür, die vom Wohnzimmer auf die Terrasse führt, und beginnt dort jämmerlich zu miauen. Mein Vater hat schließlich doch Mitleid mit dem armen Kater und steht auf, um ihm die Terrassentür aufzumachen. Doch ehe er sich’s versieht, hat Felix blitzschnell kehrt gemacht, springt mit einem Satz in den Sessel und legt sich zufrieden (und auch wenig triumphierend) schnurrend auf den bereits vorgewärmten Platz! Vielleicht sollten auch wir nach neuen Strategien und Möglichkeiten suchen, wenn wir ein Ziel nicht auf Anhieb auf dem direkten Weg erreichen können?

Not macht erfinderisch

Katzen interessieren sich eigentlich nur für drei Dinge: Fressen, Schlafen und Spielen. Wenn sie nicht kastriert oder sterilisiert sind, auch noch für die Fortpflanzung. Auf jeden Fall wissen sie, was in ihrem Leben wichtig ist. Doch wie sieht das bei uns aus? Essen, Schlafen und Freizeit sind auch uns wichtig, ganz klar. Aber wie oft verfransen wir uns zwischen Hunderten von Aktivitäten und Aufgaben? Zuerst einmal kommt die Arbeit, doch dann müssen wir noch die Klamotten aus der Reinigung holen, ein Geschenk für die Schwiegermutter besorgen, die beste Freundin anrufen, ins Fitnessstudio, fürs Wochenende einkaufen und ins Kino wollten wir eigentlich auch noch. Zwischen all diesen Verpflichtungen und Ansprüchen bleiben wir selbst mit unseren eigenen Wünschen und Vorstellungen oft auf der Strecke. Nehmen wir uns doch ein Beispiel an unseren Katzen und setzen klare Prioritäten: Was ist uns wirklich wichtig in unserem Leben, auf was können wir verzichten?

Setze Prioritäten

Es ist Sonntagmittag und ich stehe in der Küche. Hähnchenbrust gibt es heute, mit Reis und einer süß-sauren Soße. Ich setze das Wasser für den Reis auf, Felix schlummert selig auf der Küchenbank. Ich hole das Fleisch aus dem Kühlschrank und lege es auf die Arbeitsplatte – keine Regung von Felix. Ich packe das Fleisch aus und beginne es zu schneiden. Felix kommt langsam zu sich und blickt mit einer wahren Unschuldsmiene in der Küche herum. Doch dann – kaum habe ich ihm den Rücken zugewendet, um den Wok auf den Herd zu stellen, schnellt Felix wie ein geölter Blitz empor, schlägt eine Kralle in ein Stück Hähnchenbrust und zieht triumphierend damit von dannen. Hat er mich wieder mal reingelegt, mit seinem ach so tiefen Schlaf und seiner Unschuldsmiene, als könnte er kein Wässerchen trüben! Er hat sein Pokerface aufgesetzt und ging dann ganz überraschend zum Angriff über. Vielleicht sollten auch wir in unserem Leben ab und zu auf Überraschungseffekte setzen, um ans Ziel zu kommen? Einfach etwas tun, womit niemand gerechnet hat? Aus den gewohnten Bahnen ausbrechen und unseren Mitmenschen zeigen, dass wir noch ganz andere Seiten haben?

Lass dir nicht in die
Karten schauen

Sind Sie eher ein Kopfmensch oder ein Bauchmensch? Ich bin ein seltsamer Mischtyp: Mein Bauchgefühl sagt mit zwar meistens sofort, was ich zu tun habe, doch will mein Kopf leider auch immer noch ein Wörtchen mitreden. Also überlege ich hin und her und wäge alle Gründe gründlich ab, die für oder gegen eine Sache sprechen. Nur um dann am Ende genau das zu tun, was mir mein Bauch von Anfang an gesagt hat. Wie viel Zeit habe ich doch wieder einmal mit Grübeln und Abwägen verschwendet! Habe Freunde und Verwandte mit „Soll ich nun oder lieber nicht?“ genervt. Und habe mich über mich selbst geärgert, weil ich mich einfach nicht entscheiden kann. Felix würde darüber nur lachen, denn eine Katze vertraut ihren Instinkten. Droht Gefahr, dann gibt es nur eines: Flucht! Und wird er provoziert, geht Felix zum Angriff über – da gibt es kein weinerliches „Aber vielleicht ist der andere Kater viel stärker als ich?“ Vielleicht sollte auch ich endlich lernen, meinen Instinkten und meinem Bauchgefühl zu vertrauen?

Höre auf deinen Bauch

Felix schläft viel und gerne in seinem Lieblingssessel in meinem Wohnzimmer. Oft tief und fest, aber noch viel öfter nur leicht und oberflächlich. Er sieht dann zwar so aus, als befände er sich weit weg in Land des seligen Schlummers, doch in Wirklichkeit entgeht ihm nichts. „Frauchen geht in die Küche? Vielleicht macht sie ja was zum Essen! Hören wir lieber mal genau hin, ob der Kühlschrank aufgeht." Solche Gedanken gehen dann vermutlich durch sein Köpfchen. Seinen Ursprung hat diese ständige Wachsamkeit natürlich nicht in den Geräuschen des Kühlschranks, sondern in den Gefahren, denen Wildkatzen ausgesetzt sind. Nicht einmal im Schlaf können sie sich völlig sicher fühlen. Sie halten daher immer ein Auge offen. Ich selbst fühle mich in meinem Leben sicher, doch wer kann mir garantieren, dass es immer so weiter geht? Vielleicht sollte auch ich ein Auge offen halten und mich auf Veränderungen einstellen?

Halte ein Auge offen

Ein englisches Sprichwort heißt „Curiosity killed the cat", auf Deutsch: „Neugierde brachte die Katze um." Und in der Tat hat ihre Neugierde schon so manche Katze in eine schwierige Situation gebracht: Manche Katzen verstecken sich in einem Koffer und gehen auf eine unfreiwillige Reise oder sie quetschen sich in Öffnungen, aus denen sie dann nicht mehr herauskommen. Felix ist so etwas zum Glück noch nicht passiert, doch muss auch er sein kleines Schnäuzchen in alles hineinstecken. Eine Schachtel steht im Gang? Da muss er doch gleich hineinkriechen. Ein Handwerker ist im Haus? Die Arbeitsabläufe müssen natürlich genau beobachtet werden! Im Garten wird alles beschnuppert – auch die Biene, die ihn dann in die Nase sticht. Und wie sieht es mit meiner Neugierde aus? Ich stecke meine Nase nicht in Angelegenheiten, die mich nichts angehen, aber Neugier kann durchaus auch etwas Positives sein: einmal etwas Neues ausprobieren, etwas tun, das man noch nie gemacht hat, oder einfach einen Schritt ins Unbekannte zu wagen. Es gibt noch so viel zu entdecken auf dieser Welt!

Bleib neugierig

Felix hat wie alle Katzen Krallen an seinen Pfoten, die er – zu meinem Leidwesen – auch ganz gerne einmal an meinem Sofa oder an einem Bücherregal schärft. Wozu habe ich denn bitte mein sauer verdientes Geld in einen Kratzbaum investiert? Aber lassen wir das: Katzen machen nun einmal, was sie wollen, und lassen sich durch einen hochmodernen Kratzbaum nicht verführen, wenn sie genauso gut das Sofa benutzen können. Zum Glück benutzt Felix mir gegenüber diese Krallen nur sehr selten. Er kratzt mich nicht und schlägt auch nicht nach mir. Manchmal ärgere ich ihn allerdings ein wenig und kraule ihn, obwohl er lieber seine Ruhe haben möchte. Oder ich ignoriere die Signale, mit denen er mir zeigt, dass ein Spiel jetzt zu Ende ist. Oder ich nehme ihm ein Spielzeug weg, mit dem er sich gerade so schön beschäftigt hat. Dann setzt es einen oder auch mehrere gezielte Hiebe mit seinen Pfoten, inklusive Krallen – für mich eine schmerzhafte Erfahrung. Felix macht mir damit unmissverständlich seine Position klar: „Das passt mir nicht – lass mich jetzt in Ruhe!“ Warum fahre ich nicht auch ab und zu einmal meine Krallen aus, wenn ich genug habe? Warum mache ich weiterhin gute Miene zum bösen Spiel?

Fahre deine Krallen aus

Ungefähr einmal im Jahr ist es so weit: Ich hole den Katzenkorb aus dem Keller und steckte gemein und hinterhältig meinen strampelnden, sich heftig wehrenden Kater hinein. Felix weiß nämlich genau, dass das nichts Gutes zu bedeuten hat: Es geht ab zum Tierarzt – und das gefällt dem Herrn Kater überhaupt nicht. Die Autofahrt zum Doktor wird von lautem Protestgeschrei begleitet, im Wartezimmer positioniert sich Felix so in seinem Korb, dass er mir den Rücken zuwendet. Mit Engelszungen kann ich auf ihn einreden, aber mein Kater würdigt mich keines Blickes. Doch sobald er den Arztbesuch überstanden hat und wieder in seinen eigenen vier Wänden ist, sind die Qualen auch schon wieder vergessen. Felix frisst erst einmal, putzt sich den Tierarzt-Geruch aus dem Fell und legt sich dann zufrieden schnurrend auf meinen Schoß, um sich von den Strapazen zu erholen. Sein Vertrauen in mich ist grenzenlos, von Groll und Vorwürfen keine Spur! Auch wenn ich ihm aus Versehen auf die Pfote steige, schreit er kurz und schreckt zurück, doch zehn Sekunden später wuselt er schon wieder zwischen meinen Beinen herum. Und wenn ich einmal spät nachts nach Hause komme, sitzt er nicht mit verschränkten Armen auf der Couch und wirft mir anklagend vor: „Wo kommst du denn jetzt her?“ Nein, Felix wartet an der Tür auf mich, streicht schnurrend um meine Beine und reibt sein Köpfchen zur Begrüßung an mir. Er freut sich einfach, dass sich da bin, und das zeigt er mir auch!

Sei nicht nachtragend

Felix macht sich keine Gedanken darüber, wie er aussieht oder wie er auf andere wirkt. Wenn er das dritte Mal innerhalb weniger Stunden Hunger hat, dann verlangt er eben etwas zu fressen. Er hat keine Angst, dick zu werden oder als gierig dazustehen. Es kann vorkommen, dass er nach einer aufregenden Expedition unter mein Bett ein oder zwei Staubflusen in seinem Fell hängen hat, doch es ist ihm völlig egal, wie er aussieht. Er ist einfach so, wie er ist – und er weiß, dass er genau so von mir geliebt wird.

Sei einfach du selbst!

Was geht wohl in Felix vor, wenn er vor einem Mauseloch sitzt? Denkt er sich: „Soll ich jetzt diese Maus fangen oder nicht? Wenn ich sie erwische, dann ist die arme Maus tot und mein Frauchen schimpft mich vielleicht. Aber sie nicht zu fangen – das würde bedeuten, diese herrliche Gelegenheit zur Jagd einfach ungenutzt verstreichen zu lassen. Das geht doch gar nicht. Also fange ich sie. Aber wie gehe ich dabei am besten vor? Wenn sie aus dem Loch kommt, dann muss ich blitzschnell sein. Also spanne ich jetzt schon mal die Muskeln an ..." Zugegeben: Ich weiß natürlich nicht genau, ob Felix nicht vielleicht doch grübelnd vor seinem Mauseloch sitzt und das Für und Wider seiner Handlungen sorgfältig abwägt. Doch ich kann es mir nur schwer vorstellen. Katzen grübeln nicht, sie handeln einfach!

Raus aus der Grübelfalle

Haben Sie schon einmal versucht, Ihre Katze an die Leine zu nehmen? Eben! Heute ist es mir zwar peinlich, aber ich muss es leider zugeben: Als überängstliche Katzenmama wollte ich Felix zunächst nicht alleine nach draußen lassen und wagte daher das Experiment, ihn anzuleinen. Das Ergebnis: eine widerstrebende Katze und ein Frauchen, das auf eine Kiefer klettern musste, um die Katze, die mitsamt der Leine auf den Baum geklettert war und sich dort verheddert hatte, wieder zu befreien. Das war unser erster und letzter Versuch mit der Leine und ich sehe jetzt noch Felix' verächtlichen Gesichtausdruck vor mir, mit dem er mir zu sagen schien: „Also bitte, ich bin doch kein Hund!" Katzen lassen sich nicht an die Leine nehmen, sie kommen nicht, wenn andere es wollen und lassen sich nicht in ihrer Freiheit einschränken. Und Sie?

Lass dich nicht an die
Leine nehmen